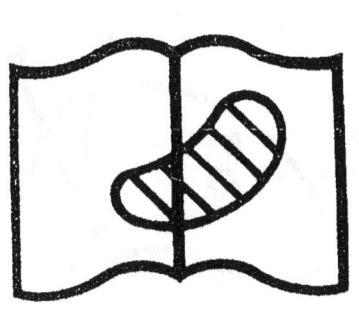

Illisibilité partielle

Valable pour tout ou partie
du document reproduit

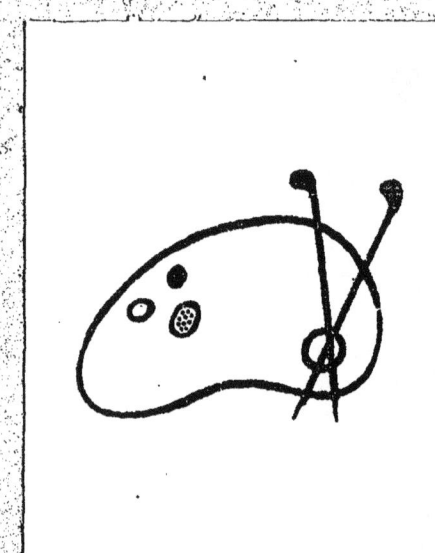

Couvertures supérieure et inférieure
en couleur

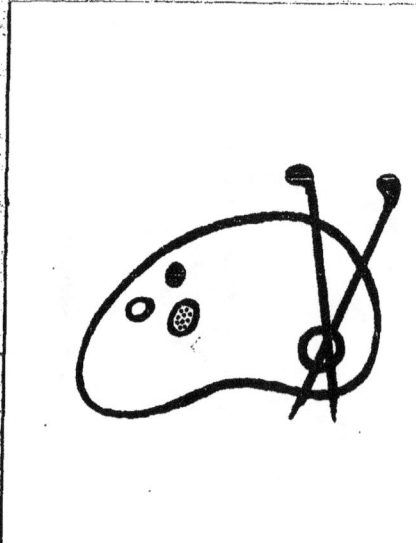

Original en couleur

NF Z 43-120-8

LES

ÉVÊQUES AUXILIAIRES

EN AUVERGNE ET EN VELAY

ANTÉRIEUREMENT AU XVIIIe SIÈCLE

PAR

A. VERNIÈRE

CLERMONT-FERRAND
IMPRIMERIE M. BELLET ET FILS, ÉDITEURS
Avenue Centrale, 4.

1892

CLERMONT-FERRAND

M. BELLET ET FILS, IMPRIMEURS-LIBRAIRES

AVENUE CENTRALE, 4

LES
ÉVÊQUES AUXILIAIRES

EN AUVERGNE ET EN VELAY

ANTÉRIEUREMENT AU XVIIIe SIÈCLE

PAR

A. VERNIÈRE

CLERMONT-FERRAND
IMPRIMERIE M. BELLET ET FILS, ÉDITEURS
Avenue Centrale, 4.

1892

(Extrait du Bulletin de l'Académie des Sciences, Belles-Lettres et Arts de Clermont-Ferrand.)

LES ÉVÊQUES AUXILIAIRES

EN AUVERGNE ET EN VELAY

ANTÉRIEUREMENT AU XVIIIᵉ SIÈCLE

Jamais les évêques français n'ont gardé la résidence autant qu'à l'époque où nous vivons. Les usages modernes veulent que, sauf de très rares exceptions, ils se renferment dans leurs fonctions ecclésiastiques. Il n'en était pas de même autrefois. Sous l'ancienne monarchie, à maintes reprises, un grand nombre d'entre eux tint les charges les plus importantes de l'Etat, auxquelles les avaient appelés leur science et leur vertu (1). Occupés dans les conseils du roi, délégués aux assemblées générales du clergé, ou employés à des missions diplomatiques, ces prélats étaient contraints de s'en rapporter, pour la direction de leurs diocèses, à des vicaires de leur choix, et de confier l'administration de sacrements réservés aux évêques à des personnages revêtus du caractère épiscopal, dont ils réclamaient aussi l'assistance lorsque les infirmités ou la maladie leur interdisaient d'agir eux-mêmes.

Dès les premiers temps de l'Eglise, on semble avoir prévu ces empêchements par la création de chorévêques, ou évêques

---

(1) Même en ce siècle-ci, sous le premier Empire, le cardinal Fesch fut ambassadeur près le Saint-Siège, et Mgr de Pradt, archevêque de Malines, ambassadeur à Varsovie. En 1814, Mgr Courtois de Pressigny, évêque de Saint-Malo, représenta la France à la cour de Rome. Sous la Restauration, Mgr Frayssinous et Mgr Feutrier, évêque de Beauvais, furent ministres des cultes.

de second ordre (1). Mais cette institution était tombée en désuétude. Le quatrième concile de Latran, tenu en 1215, fit ressortir cette lacune et indiqua, par son dixième canon, le moyen d'y remédier (2). « Comme il arrive souvent, y est-il dit, que les évêques, à raison de leurs occupations multiples, de leurs infirmités, des invasions belliqueuses, ou pour d'autres causes..., ne peuvent suffire, par eux-mêmes, à administrer au peuple la parole de Dieu, surtout dans les vastes diocèses dont la population est disséminée...; nous ordonnons que, dans les églises cathédrales ou autres conventuelles, on établisse des hommes capables que les évêques puissent avoir, comme aides et coopérateurs, non seulement pour la prédication, mais encore pour entendre les confessions, enjoindre les pénitences, et pour tout ce qui intéresse le salut des âmes. »

A cet effet, on choisissait le plus ordinairement un savant religieux, ou, quelquefois, un chanoine distingué par son érudition et son éloquence. La nomination était notifiée à la cour de Rome, et celle-ci, après information canonique, conférait à l'élu le titre d'un évêché *in partibus infidelium*, c'est-à-dire d'un ancien siège situé en pays infidèle. Il restait à investir le titulaire, par le sacre, de la plénitude du sacerdoce et à l'installer.

Ces auxiliaires étaient appelés *suffragants*, mais le mot n'avait pas alors le même sens que de nos jours; et il importe de ne pas les confondre avec les coadjuteurs. Ce titre entraîne

---

(1) *Caii Sollii Sidonii Apollinaris opera*, lib. 4, epist. 11.

(2) ... Unde cum sæpe contingat, quod episcopi propter occupationes multiplices, vel invaletudines corporales, aut hostiles incursus, seu occasiones alias..., per se ipsos non sufficiunt ministrare populo verbum Dei, maxime per amplas diœceses et diffusas..., præcepimus tam in cathedralibus, quam in aliis conventualibus ecclesiis viros idoneos ordinari, quos episcopi possint coadjutores et cooperatores habere, non solum in prædicationis officiis, verum etiam in audiendis confessionibus, et penitentiis injugendis, ac cæteris quæ ad salutem pertinent animarum. (Labbe et Cossart, *Sacrosancta concilia*, t. XI, pars I, col. 161-164; Concilium Lateranense IV.)

le droit de succession. Le seul coadjuteur inscrit aux fastes religieux de l'Auvergne est Mgr Boyer, qui maintenant préside aux destinées de l'Eglise de Clermont, le vénérable pontife dont les traits se retrouvent dans l'image tracée d'un autre évêque par un de ses plus illustres prédécesseurs : « Multa in te genera virtutum, Papa beatissime, écrivait saint Sidoine à Novetius, munere superno congesta gaudemus, siquidem agere narraris sine superbia nobilem, sine invidia potentem, sine superstitione religiosum, sine jactantia litteratum, sine asperitate constantem, sine popularitate communem (1). »

Les annales des diocèses de Clermont, de Saint-Flour et du Puy contiennent les noms de plusieurs de ces dignitaires. Il n'est pas indifférent, croyons-nous, de les grouper, de les classer et d'attirer sur eux l'attention. Pareille recherche a été opérée pour le Limousin par un prêtre érudit autant qu'il est modeste, M. l'abbé Poulbrière. Nous ferons à son œuvre (2) plus d'un emprunt ; car si, d'habitude, ces suppléants demeuraient attachés à un évêque, ce n'était pas toutefois d'une façon tellement étroite qu'ils ne pussent pas encore rendre service ailleurs. A telle enseigne que le peuple, dans son langage imagé, les appelait évêques *portatifs* (3).

Plus d'une fois, des pasteurs ayant, eux-mêmes, un troupeau à régir sont venus prêter leur concours à leurs frères d'Auvergne ou du Velay empêchés ou absents (4). Ce n'est pas d'eux que nous voulons parler. Leur histoire a été écrite.

---

(1) Lib. 8, Epist. 13.
(2) *Les évêques auxiliaires en Limousin.* (Tulle, Crauffon, 1890, 8º.)
(3) In multis civitatibus Episcopi non residentes dant vicariatum suum cuidam religioso episcopo qui vulgariter appellatur Episcopus portativus, qui confert ordines Episcopi. (BALUZE, *Historia Tutelensis*, p. 247.)
(4) Entre autres faits de cette nature, un des plus importants à signaler est la visite que Simon de Beaulieu, archevêque de Bourges, fit, en 1284, d'une partie du diocèse de Clermont. (BALUZE, *Miscellanea novo ordine digesta opera ac studio Joannis Dominici Mansi*, Lucœ, apud Vincentium Junctinium, fº ; tom. I, p. 267 et seq. : *Acta visitationis provinciarum Burdegalensis et Bituricensis a Simone, archiepiscopo Bituricensi, ab anno Christi 1284 usque ad annum 1291.)

Nous réservons ces quelques pages aux auxiliaires gratifiés seulement d'un titre *in partibus infidelium*.

Le premier évêque suppléant signalé par les historiens, dans le diocèse de Clermont, est **Thomas**, évêque d'*Ascalon* (1). Il consacra, le 29 juin 1229, l'église du couvent des cordeliers de Montferrand. Fodéré (2) le dit suffragant de Robert de La Tour. Or, ce prélat avait quitté, en 1227, le siège de saint Austremoine pour occuper celui de saint Pothin, et il avait été remplacé par Hugues de La Tour, sous l'épiscopat duquel le *Gallia Christiana* (3) place, avec plus d'exactitude, cette consécration.

Quelques années avant le démembrement du diocèse de Clermont, et alors que Quézac ne faisait pas encore partie de celui de Saint-Flour, la nouvelle église de cette paroisse fut consacrée, le 20 mai 1313, par un évêque nommé **Jean**, dont le siège n'est pas relaté dans l'acte qui fut dressé à cette occasion (4).

Il faut laisser courir une période de plus d'un siècle pour rencontrer un autre auxiliaire, **Odon**, *episcopus Athonensis in Arabia* (5), qui consacra l'église de l'abbaye de Sainte-Claire d'Aigueperse, le 26 juin 1425, sur le consentement à lui donné par Martin de Charpaigne, le 29 novembre 1424 (6).

---

(1) *Ascalonensis, Ascalonitanus*, Ascalon en Syrie. Evêché transféré à Bethléem par les croisés.

(2) Fodéré, *Narration historique et topographique des convens de l'ordre de S. François, et monastères S. Claire, érigez en la province anciennement appellée de Bourgongne, à présent de S. Bonaventure*, page 332. (Lyon, Pierre Rigaud, 1619, 4°.)

(3) *Gallia Christiana*, tome II, col. 276, D. (Paris, Imprimerie Royale, 1720).

(4) Abbé J.-B. Chabau, *Pèlerinages et sanctuaires de la Sainte Vierge dans le diocèse de Saint-Flour*, p. 335. (Saint-Flour, F. Boubounelle, 1888, 8°.)

(5) Sans doute *Athanassum*, Athanassi, dans la Phrygie Pacatiane. — De fausses lectures rendent souvent difficile l'identification de ces sièges.

(6) *Gallia Christiana*, t. II, col. 418, E.

L'église des cordeliers du Donjon fut, rapporte Fodéré, « parachevée et sacrée l'an 1453 sous le vocable de S. François par R. P. N..., Evesque de Bersabée, suffragant de Clairmont, pource que Martin Evesque du lieu ne faisoit pas sa résidence en son Evesché, qui estant Prélat d'un esprit relevé, Jean Duc de Berry l'avoit prins pour son Chancelier, et par le judicieux conseil duquel il se conduisoit en tous ses affaires qui estoient très-urgents à cause des guerres que les Anglois faisoient contre le Roy Charles VII son nepveu, et l'Evesché d'Autum, rière laquelle est le bourg du Donjon pour lors se treuvant vacante (1). » Le nom de ce suffragant était **Jean Chauvin**. D'abord religieux franciscain, il passa, en 1434, avec l'autorisation du pape Eugène IV, dans l'ordre de Cîteaux. A la demande de Charles Ier, duc de Bourbon et d'Auvergne, dont il était le chapelain, il fut nommé abbé de Montpeyroux, au diocèse de Clermont, en vertu d'une bulle du même souverain pontife, datée du 15 novembre 1434. Puis, grâce à la faveur du même prince, le pape Nicolas V le créa *évêque de Bersabée* (2), par une bulle du 16 août 1448. Il mourut le 10 novembre 1467 (3).

Pendant les années 1459 et 1460, **Mathieu**, *episcopus Nizeriensis* (4), visita plusieurs archiprêtrés du diocèse de Clermont pour Jacques de Comborn (5).

Bertrand d'Audigier ou **Albigey**, *évêque de Bethléhem* (6), religieux cordelier, bénit l'église du monastère des cordeliers

---

(1) Fodéré, *op. cit.*, p. 728.
(2) Bersabée, en Palestine.
(3) *Gallia Christiana*, t. II, col. 400, D.
(4) *Niseriæ*, Nisyri, Niceriæ, dans l'île d'Icarie, aujourd'hui Nicaria ou Nicouri.
(5) Archives départementales du Puy-de-Dôme, G-H, 94. — Obligeante communication de M. l'abbé Fouilloux, directeur des Missions Diocésaines de Clermont-Ferrand.
(6) En 1110, le pape Pascal II ayant érigé la ville de Bethléhem en évêché, Guillaume IV, comte de Nevers, légua à ses évêques des biens situés près de Clamecy. C'est là qu'ils se réfugièrent lorsqu'ils eurent été chassés de Terre-Sainte. En 1379, il y eut séparation du siège et du titre : le siège était

de Vic-le-Comte, le 3 octobre 1484, comme suffragant de Charles Ier de Bourbon, évêque de Clermont. Il l'était, en 1481, de Julien de La Rovère, évêque de Mende (1). Il fut ensuite transféré au siège de Darci ou Darie (?).

Par délégation spéciale du Siège apostolique, **Gérard Gobaille**, *évêque de Darie* (2), suffragant de Charles II de Bourbon, confirma, dans le palais épiscopal de Clermont, l'élection de Jacques de Saint-Nectaire, prieur de Sainte-Gemme, comme abbé de la Chaise-Dieu (3). Élu, le 8 août 1492, évêque de Paris, Gérard mourut avant d'avoir été institué, le 11 septembre suivant. Il fut inhumé à Notre-Dame de Paris, sous une tombe plate de cuivre où l'on voyait ses armes : *Une fasce chargée de trois....., accompagnée de trois étoiles de...* (4).

Jacques d'Amboise, évêque de Clermont, eut pour auxiliaire « un certain **Laurent**. Le nom du siège qu'il occupait est difficile à lire, mais il figure dans des lettres de collation d'ordres et de tonsure conservées aux archives de l'abbaye de Saint-Allyre. Il remplissait les fonctions épiscopales en 1505, 1510 et 1515. Même en 1516, *sede vacante*, il fit, avec la licence du chapitre, une ordination dans la cathédrale de Clermont. » Ainsi parle le *Gallia Christiana* (5). Les auteurs

en France, le titre en Italie. Le roi Charles VI leur accorda, en février 1413, les prérogatives dont jouissaient les évêques de France. En 1428, le siège et le titre furent réunis. Ces prélats avaient le droit d'exercer toutes les fonctions épiscopales dans la chapelle de Notre-Dame, près de Clamecy; mais ils s'employaient ordinairement à soulager les prélats infirmes ou empêchés. De cette manière, ils se procuraient des pensions et des gratifications qui suppléaient à la modicité de leur revenu.

(1) *Gallia Christiana*, t. II, col. 294, D. — BALUZE, *Histoire généal. de la Maison d'Auvergne*, t. I, p. 340. — FODÉRÉ, *Op. cit.*, p. 886. — FISQUET, *La France pontificale*, Nevers-Bethléhem, p. 157.

(2) *Dariensis* ou *Daonensis*, Daoniæ, Daonium, en Thrace.

(3) *Gallia Christiana*, t. II, col. 295, B; 348, A.

(4) BOUCHOT, *Inventaire des dessins exécutés pour Roger de Gaignières et conservés aux départements des estampes et des manuscrits de la Bibliothèque Nationale*, nᵒˢ 3008, 6811. (Paris, Plon, Nourrit et Cⁱᵉ, 1891, 8ᵒ.)

(5) Tom. II, col. 296, B.

de ce savant ouvrage, eux-mêmes, ne sont pas impeccables ; car s'ils avaient rapproché les lignes précédentes de celles qu'ils ont écrites sur Pierre du Peschin, abbé d'Artonne, ils auraient trouvé la désignation du siège de Laurent. « Sous cet abbé, rapportent-ils, le 1ᵉʳ avril 1514, octave de l'Annonciation, le R. P. *episcopus Lauducensis* (1), suffragant de Jacques d'Amboise, évêque de Clermont, consacra les autels de Notre-Dame de Pitié et des SS. Blaise et Paterne dans l'église d'Artonne, près de la grande porte (2). » Le 31 août 1505, il avait fait la consécration de l'église du monastère des cordeliers de Saint-Projet, paroisse de Neuvic, au diocèse de Limoges (3).

Pierre d'Albo, qui a été l'objet d'une très intéressante étude de M. l'abbé Poulbrière (4), portait le nom d'un village des environs de Mauriac (Cantal) où, sans doute, il était né (5). Il fut d'abord religieux franciscain, docteur en décrets et professeur de théologie. Une pièce des archives départementales du Puy-de-Dôme (6) le qualifie d'Episcopus Abscalonensis et le *Gallia Christiana* lui donne le titre, tantôt d'Ep. Stabilonensis, tantôt celui d'Ep. Ascalensis, tantôt celui d'Ep. Ascalonensis (7). Ce dernier doit prévaloir. Mais ce n'est pas seulement le nom du siège de cet évêque qui a été défiguré. Le chanoine Audigier (8) et un récollet de Tulle (9) l'appellent Pierre Le Blanc. Il n'est pas jusqu'à son véritable prénom qui n'ait été converti en celui de Jean. Aussi, M. l'abbé Poul-

---

(1) *Lauducensis?*
(2) Tome II, col. 398, B.
(3) Abbé Poulbrière, *Les évêques auxiliaires en Limousin*, p. 6.
(4) *Semaine religieuse du diocèse de Tulle*, 27 juillet 1889, pp. 477-480.
(5) *Idem.* « ... par un évesque portatif qui estoit, selon le dict. de la ville de Mauriac, lequel se faisoit nomme mosser Pᵉ de Albo... »
(6) Fonds du chapitre de Notre-Dame de Montferrand, cote I, n° 58.
(7) Tome II, col. 297, A; 378, B; 538, D; 674, B.
(8) Audigier (le chanoine P.), *Histoire manuscrite de la ville de Clermont*, fol. 281 recto. (Bibl. Nat., mss. Franç., n° 11498.)
(9) *Loc. cit.*

brière a vraiment tort de s'excuser d'une légère erreur. Il a été trompé par les précédents écrivains. Quant à ceux-ci, le *Quandoque bonus dormitat Homerus* n'est-il pas de tous les temps ?

Le suffragant de Thomas du Prat s'appelait donc **Pierre d'Albo** et il était *évêque d'Ascalon*. En 1520, il consacra les autels de la Vierge, de saint Cyprien, de saint Pierre, de sainte Catherine et de saint Roch dans l'église d'Artonne, au diocèse de Clermont. Le 29 décembre de la même année, il prêta son concours à François de Lévis, évêque de Tulle, et fit la même cérémonie pour l'église paroissiale de Darazac et deux de ses autels. Toujours en 1520, mais probablement à des dates antérieures, il sacra l'église des cordeliers de Tulle et celle d'Ayen, au diocèse de Limoges (1). Le 14 mars 1522, il procéda à la consécration de celle de Saint-Angel (2), qui était alors de ce diocèse, où il remplit le même office dans l'église de Curemonte, le 12 décembre suivant. Les anciennes archives de l'abbaye de Saint-Allyre établissent qu'en cette année, malgré ce séjour en Limousin, Pierre d'Albo n'avait pas cessé d'être suffragant de l'évêque de Clermont, Thomas du Prat.

« Comme il estoit homme de teste, dit le chanoine Audigier, son frère le cardinal du Prat l'employoit souvent à des affaires de conséquence qui l'obligeoient [d'] estre quelquefois esloigné de la province ; c'est pourquoy on luy permit d'avoir des suffragans pour avoir l'œil sur ce qui se passoit

---

(1) Le 30 avril 1528, à St-Germain-en-Laye, Henri, roi de Navarre..., vicomte de Limoges, et Marguerite de France, sœur unique du roi, vicomtesse de Limoges..., notifient au juge, procureur, etc., de leur châtellenie d'Ayen (Corrèze), la concession accordée par eux à leur cher et bien-amé Guillaume de Montfrebœuf, écuyer, sieur de La Chabrolie, leur vassal et sujet..., d'un droit de sépulture dans l'église d'Ayen, en récompense des services rendus à cette église par ledit sieur de Montfrebœuf, qui en avait été parrain au moment de la consécration faite « puis sept ans en ça ou environ par Révérend Père en Dieu Jehan (sic) Dalbo, evesque portatif et suffragant de l'evesque de Lymonges. » (*Sigillographie du Bas-Limousin*, p. 305.)

(2) Abbé POULBRIÈRE, *Les églises de Saint-Angel et de Meymac*, p. 14, note. (Tulle, Crauffon, 1880, 8°.)

dans son diocèse et pour faire les fonctions épiscopales. En 1522, on trouve qu'il avoit pour suffragant Pierre, évesque d'Ascalon, et, en 1525, Pierre Le Blanc, chanoine de Clermont, auquel dans la mesme année les chanoines de l'église cathédrale donnèrent permission de faire des leçons tous les jours à une heure après midy, sur l'Ecriture, dans l'église de S.-Nicolas qui est dans le cloistre (1). » Le *Gallia Christiana* date cette autorisation du 21 juin 1525. Il est impossible de douter aujourd'hui qu'il ne s'agisse ici du même personnage, devenu chanoine de Clermont après avoir été relevé de ses vœux monastiques.

Le 2 juillet 1527, Pierre d'Albo consacra l'église collégiale de N.-D. de Montferrand « dans son ensemble et intégralité, tant à l'intérieur qu'à l'extérieur, avec les statues et autels non déjà bénis et consacrés, et les autres édifices qui en dépendent. » Il fixa l'anniversaire de cette dédicace au 9 septembre, lendemain de la Nativité de la Vierge (2). L'instrument original de cette consécration, signé du prélat consécrateur, est muni de son sceau, sur lequel figurent un écu appendu à une crosse, et, autour, la légende : s. p. de. albo. ascalonens. eps. L'écu, dont les pièces sont un peu frustes, semble porter : en chef, deux étoiles et, en pointe, un oiseau tenant un anneau dans son bec (3).

En 1531, Pierre d'Albo était mort, ainsi que le prouve le texte d'une minute de notaire recueillie et possédée par M. l'abbé Poulbrière.

---

(1) Aubigier (le chanoine P.), *loc. cit.* — *Gallia Christiana*, t. II, Inst., col. 101, A et B.

(2) Il résulte d'une note précédente qu'il était alors d'usage d'avoir des parrain et marraine dans ces cérémonies. Pour cette église, le parrain fut : Jean Pradal, professeur de droit et lieutenant général au bailliage de Montferrand ; la marraine : Anne Morel, sa belle-sœur. Assistèrent comme témoins : Maître Christophe Régin, licencié en droit, lieutenant particulier au bailliage de Montferrand ; Bernardin Roy, consul de ladite ville ; Jean Charrier, notaire et lieutenant général de ladite ville ; Olivier Bonhomme, Malos et plusieurs autres.

(3) Archives départementales du Puy-de-Dôme. Fonds du chapitre de Notre-Dame de Montferrand, cote I, n° 58.

André Tixier, évêque de Ros, en Cilicie, *episcopus Rosensis* (1), était cordelier et il résidait au Puy, lorsqu'il devint suffragant de Guillaume du Prat, évêque de Clermont, en 1531 (2). L'année suivante, il fit la visite de ce diocèse. Il est aussi qualifié de suffragant de l'évêque de Saint-Flour dans une sentence, sur laquelle nous reviendrons plus loin, rendue, le 15 janvier 1544, entre lui et le chapitre de Saint-Julien de Brioude. Le 7 septembre 1552, il consacra l'église de Salers (3), alors du diocèse de Clermont; et, au cours d'une nouvelle visite pastorale, il se trouva le mardi, 8 novembre de la même année, à l'église de Manglieu, venant de la paroisse de Condat, près Montboissier (4). Il transporta ses services, temporairement sans doute, au diocèse de Limoges, où il donna des tonsures, dans cette ville, le 27 juillet 1553, et les ordres mineurs, le 25 août suivant, dans l'église de Treignac (5).

Depuis plus de vingt années, Joachim d'Estaing occupait le siège de Clermont, et il y en avait déjà cinq qu'il était aveugle, lorsqu'il se pourvut d'un suppléant. Dans cette intention, il se rendit à Paris en 1635, s'aboucha avec André de Sauzéa ou de Sauzay, évêque de Bethléhem, et signa avec lui un compromis que nous donnerons, *in extenso*, à l'appendice, parce que ces sortes d'actes sont rares et curieux (6).

L'évêque de Clermont ne vivait pas en parfaite intelligence avec le chapitre de sa cathédrale. Les démêlés, au dire de

---

(1) *Rossi, Rhossi, Rhosi,* Rosea, en Cilicie. C'est le titre que portait, naguère encore, Mgr Jourdan de La Passardière.

(2) *Gallia Christiana,* t. II, Inst., col. 101, D et E.

(3) *Dict. stat. et hist. du Cantal,* t. V, p. 189.

(4) Archives départementales du Puy-de-Dôme. Fonds de l'Évêché, sac 5°, cote 36. — Autre communication de M. l'abbé Fouilloux.

(5) Abbé Poulbrière, *Les évêques auxiliaires en Limousin,* p. 14.

(6) Archives départementales du Puy-de-Dôme. Insinuations ecclésiastiques, reg. 34, fol. 68 verso et suiv. — Nous devons la connaissance de cette pièce importante à une nouvelle et gracieuse obligeance de M. l'abbé Fouilloux. — Voir à l'Appendice, n° 1.

Pierre Audigier, « furent poussés si avant que les chanoines ayant refusé l'entrée de leur église à messire André Suassé, évêque de Bethléem, qui y venoit dans le dessein de faire la cérémonie de donner les ordres, Joachim, outré de ce refus, fit enfoncer les portes avec un bélier, ayant auparavant une ordonnance pour cette exécution de M. le lieutenant général Girard (1). »

Mais qui était André de Sauzéa ? Voici ce qu'en rapporte Fisquet : « Peut-être neveu du précédent évêque par sa mère, et né en Montbrison en Forez ; il était recteur du collège d'Autun, à Paris, lorsqu'il fut nommé évêque de Bethléem par Charles, duc de Nevers, après la mort de Jean de Clèves. Le roi confirma cette nomination, et le Saint-Siège expédia les bulles le 23 octobre 1623. Sacré, le 18 février de l'année suivante, dans la chapelle de Notre-Dame, dans le cloître de Saint-Germain-des-Prés, à Paris, par Alphonse de La Croix, évêque de Grenoble, assisté de Raphaël de Bologne, évêque de Mégare, coadjuteur de Digne, et de Sébastien de Rosmadec, évêque de Vannes, il consacra lui-même, le 2 juillet 1630, le grand autel de la chapelle haute de ce cloître. Cinq ans après, la pauvreté le poussant à conférer les ordres sacrés à tous ceux qui s'adressaient à lui, bien qu'ils ne fussent point munis de lettres démissoires de leurs propres évêques, il en résulta un procès. Cité par Dominique Séguier, évêque d'Auxerre, à la barre des prélats qui siégeaient dans l'assemblée générale du clergé de France tenue en 1635, André invoqua l'exemple suivi par ses prédécesseurs depuis quatre cents ans, dépeignit sa pauvreté sous des couleurs aussi vives que vraies, et promit de renoncer à son siège si on lui accordait une pension de quatre cents livres. En cette même année 1635, André remplissait les fonctions d'évêque suffragant ou auxiliaire de Joachim d'Estaing, évêque de Clermont. Il fit son testament le 24 juillet 1643 et

---

(1) *Histoire manuscrite de la ville de Clermont*, fol. 209 verso. (Bibl. Nat., mss. Franç., n° 11485.)

légua trois cents livres à l'hôpital de Bethléhem à la condition qu'une messe y serait célébrée chaque jour. Mort à Paris, le 13 avril 1644, André du Sauzay fut inhumé dans l'église des Grands-Augustins (1). »

Les Sauzéa portaient : *d'azur à trois fasces d'or, au lion de sable armé et lampassé de gueules brochant sur le tout.*

Grâce à un arrière-neveu de l'évêque de Bethléhem, M. Octave de Viry, le bienveillant érudit forézien, il nous est permis de rectifier et de compléter cette biographie. André de Sauzéa, fils d'Antoine, lieutenant du bailli d'Annonay, et de Madeleine de Montchal, serait né dans cette ville en 1578. On le trouve qualifié doyen de l'église cathédrale de Belley le 31 janvier 1606. Le 24 décembre 1641, il fonda le collège d'Annonay, et il était encore recteur de celui d'Autun, à Paris, lorsqu'il mourut, non le 13, mais le 16 avril 1644.

L'évêque de Clermont dut alors chercher un autre suppléant. Le 16 juillet 1645, il traita avec le sieur Manis, bourgeois de Lyon, pour l'obtention du brevet et des bulles à procurer au P. Louis Manis, récollet, son fils, qui se proposait de remplacer M. de Sauzéa comme suffragant. Ces démarches n'eurent point de résultat, et le P. Barthélemy de Bagnols, provincial des récollets, présenta à Mgr d'Estaing un autre de ses religieux, le P. Chérubin, lecteur en théologie (2). Celui-ci s'appelait **Jean de Mallevaud**. Il appartenait à une famille noble (3) et il était originaire de Bellac, dans la basse Marche. Pierre Barge, marchand bourgeois de la ville de Thiers, intime ami de son père (4), passa un compromis avec l'évêque de Clermont, à Mauzun, le 28 juin 1646, sur le chapitre des émoluments à servir au futur auxiliaire.

---

(1) *La France pontificale*, Nevers-Bethléhem, p. 161.

(2) Arch. départ. du Puy-de-Dôme. Fonds du Secrétariat de l'Evêché, liasse 11, cote 20.

(3) Abbé Leclerc, *Nobiliaire du diocèse et de la généralité de Limoges*, t. III, p. 148, et t. IV, p. 304.

(4) Bibliothèque de Clermont, Imprimés : Auvergne, 1203 et 1204.

Ils furent fixés à mille livres. Quelques jours après, le 4 juillet, par un nouveau contrat, il fut stipulé que cette pension cesserait du moment que « le dit sieur de Mallevaud serait pourvu des prébendes, canonicats, cures, vicairies, etc..., de pareille valeur et serait réduite à proportion du revenu de ces bénéfices. » Le brevet accordé par la reine régente fixa cette pension à seize cents livres ; mais elle fut réduite, d'un commun accord, à douze cents, le 7 septembre 1648. Le 7 décembre de la même année, la cour de Rome délivra au récollet les bulles pour l'évêché d'Aulonne (1), vacant par la mort d'Etienne Paris. Jean de Mallevaud dut être bientôt sacré et installé ; car, le 17 juillet 1649, il reçut commission pour la visite de l'archiprêtré de Mauriac (2). Pierre Mondières étant venu à décéder, le 13 ou 14 avril 1650, le nouveau suffragant fut pourvu de la cure de Saint-Genès de Thiers, « et prébende y annexée, » par le chapitre de cette église, à la demande de Mgr l'évêque. Le revenu en était évalué à deux mille deux cents livres.

Joachim d'Estaing mourut le 11 septembre suivant. Son frère, Louis, fut appelé à lui succéder, le 6 février 1651. Ce prélat, d'une santé robuste, n'éprouvait pas le besoin d'employer un auxiliaire. Il refusa de servir la pension de Jean de Mallevaud, qui s'était démis de la cure de Thiers, non pas tant, peut-être, parce que c'était un bénéfice inférieur qui ne pouvait pas être tenu par un évêque, mais parce qu'il n'en avait pas la paisible possession. Cette cure, en effet, était devenue vacante pendant un des mois réservés aux *gradués*, et trois d'entre eux essayaient de faire valoir leurs droits. L'évêque d'Aulonne prétendit que Louis d'Estaing avait été nommé « sous charge de pension. » Il fit saisir les revenus de l'évêché de Clermont et emprisonner un des fermiers. Il s'en suivit un procès. Le défendeur motiva son refus de payer sur ce que son suffragant ne résidait pas dans le diocèse auquel il

(1) *Aulonea*, Aulona ou Velona, en Epire.
(2) Arch. départ. du Puy-de-Dôme, *loc. cit.*

était attaché. Jean de Mallevaud, il est vrai, habitait ordinairement Paris, au collège des Bons-Enfants, paroisse Saint-Nicolas-du-Chardonnet. Il était allé prêter son assistance à l'évêque de Limoges et avait consacré, dans son diocèse natal, deux églises de récollets, celle du Dorat, le 24 août 1651, et celle d'Aubusson, le 5 septembre de la même année (1). En 1653, il avait prêché l'octave du Saint-Sacrement à Saint-Eustache, l'une des plus célèbres chaires de la capitale. Plusieurs arrêts du Parlement ne purent pas mettre un terme à ce litige ; enfin, le 20 mars 1656, les membres de l'assemblée générale du clergé chargèrent l'archevêque d'Arles et l'évêque de Séez d'accorder les évêques de Clermont et d'Aulonne sur leurs différends. Le 9 septembre, il fut fait un règlement définitif entre messire Jean de Mallevaud et maître Louis Ogier, secrétaire et fondé de pouvoir de Mgr Louis d'Estaing. Le suffragant ne fut plus astreint à la résidence d'une part, et, de l'autre, sa pension fut réduite à neuf cent cinquante livres.

L'évêque d'Aulonne, paraît-il, était favorable au jansénisme et toujours prêt à approuver les livres du parti. Il figure effectivement au nombre des prélats qui, en 1669, donnèrent une approbation scandaleuse au Rituel de Nicolas Pavillon, évêque d'Alet, malgré la condamnation de ce livre par un bref du pape Clément IX, le 16 avril 1668 (2).

Jean de Mallevaud mourut, âgé de soixante-treize ans, le 4 mai 1682, à Aix-en-Provence, où il avait été appelé par le cardinal Grimaldi (3). « Il était employé aux fonctions épiscopales de ce diocèse, dit la *Gazette* du 22 mai, ainsi qu'en plusieurs autres de ce royaume pendant trente-quatre ans d'épiscopat, et il avait toujours servi très utilement l'Eglise. » Par son testament, il fondait, à Bellac, une maison

---

(1) *Les évêques auxiliaires en Limousin*, p. 15.
(2) Dom Prosper Guéranger, *Institutions liturgiques*, t. II, p. 22.
(3) Dufraisse (le chanoine), *L'Origine des Eglises de France*, p. 817.

des Sœurs de Rouen, qui s'y installèrent, le 30 avril 1683 (1). Il fut le dernier suffragant attitré des évêques de Clermont ; et si, depuis lors, on rencontre à leur place quelque autre évêque, son aide fut seulement passagère.

Le diocèse de Saint-Flour, distrait de celui de Clermont en 1317, existait déjà depuis plus de deux siècles lorsque y apparut pour la première fois, à notre connaissance, un évêque auxiliaire. C'était un religieux cordelier du couvent du Puy. Il s'appelait **Antoine Pascal**. Il était *évêque de Ros*, près Venise (2), ainsi qu'on peut lire dans le *Livre de Podio*, d'Etienne de Médicis (3), publié par M. A. Chassaing, juge au tribunal du Puy. Ce très érudit magistrat, pour lequel l'histoire du Velay n'a plus de secret, a bien voulu nous apprendre qu'Antoine Pascal appartenait à la famille seigneuriale du Pertuis (4).

Le 31 janvier 1524, le suffragant de Louis de Joyeuse arriva, avec sa suite, dans l'église d'Azerat, près d'Auzon. Il la visita, puis il réclama à Antoine de Flaghat, prieur et seigneur du lieu, le repas *(pastum integrum)* qu'il disait être dû à l'évêque de Saint-Flour pour droit de visite. Le prieur répondit que « comme ses amis il les recevait et leur ferait bonne chère ; » mais qu'il ne les acceptait pas s'ils prétendaient faire acte d'autorité épiscopale. Cette visite, ajoutait Antoine de Flaghat, pouvait être exercée en vertu seulement d'un indult du Saint-Père, parce que l'abbaye de la Chaise-Dieu, dont le prieuré d'Azerat était membre, était exempte de toute juridiction ordinaire de l'évêque de Saint-Flour et

---

(1) *Les évêques auxiliaires en Limousin*, pp. 15 et 16.
(2) Le titre du cartulaire d'Azerat, que nous allons citer, le qualifie d'évêque de Rosonien. Effectivement, on trouve en Dalmatie, c'est-à-dire non loin de Venise, Rosonii, Rhisana, Rosonensis, aujourd'hui Rosano.
(3) Aug. Chassaing, *Le Livre de Podio ou Chroniques d'Etienne Médicis*, t. I, p. 204. (Le Puy, Marchessou, 1869-1874, 4°.)
(4) Canton de Saint-Julien-Chapteuil (Haute-Loire).

d'autres évêques. Que, pour cette cause, il ne les recevrait pas, et ne donnerait pas le *pastum* demandé à cette occasion (1).

Le 22 mai de la même année, Antoine Pascal consacra l'autel de saint Jean-Baptiste, dans l'église de l'abbaye des chanoines réguliers de Pébrac (2). Le 28 août 1529, il était au couvent des cordeliers du Puy. En 1533, il dirigea la confection du terrier du commandeur de Saint-Victor en Auvergne, ordre de Saint-Antoine de Viennois, à raison du prieuré du Pertuis en Velay. On y trouve la reconnaissance de Jean Pascal, seigneur du lieu, qui était vraisemblablement le frère de cet évêque (3). Nous le rencontrerons à Brioude en 1537. D'après le *Gallia Christiana* des Frères Sainte-Marthe, il aurait été suffragant, en 1540, d'Antoine de Levis-Châteaumorand, archevêque d'Embrun (4); enfin, en 1543, il donna la bénédiction abbatiale, du consentement de Guillaume du Prat, évêque de Clermont, à Gabrielle de La Roche-Aymon, abbesse de l'Esclache (5).

Le diocèse de Saint-Flour fournirait un faible appoint à cette nomenclature, s'il n'avait pas existé sur son territoire une collégiale immédiatement soumise à l'Eglise romaine. En vertu de la bulle d'exemption accordée, en 1119 (6), par le pape Calixte II et confirmée par ses successeurs, Innocent II, Clément IV et Alexandre IV, le chapitre noble

---

(1) Archives départementales de la Haute-Loire; Fonds de l'abbaye de la Chaise-Dieu, Cartulaire d'Azerat, n° 87, fol. 112 : Instrument au sujet du droit de pasture. — Voir à l'Appendice, n° 2.

(2) *Gallia Christiana*, t. II, col. 430, E.

(3) Ce terrier fut reçu par M° Jean Doron, notaire royal du Puy. C'est le registre des archives départementales du Rhône, coté provisoirement : H 2234.

(4) T. I, p. 284, col. 1. (Paris, 1656, in-fol.)

(5) *Gallia Christiana*, t. II, col. 409, A.

(6) Chaix de Lavarène, *Monumenta Pontificia Arverniæ*, p. 150.

de Brioude avait le droit de faire conférer, dans les limites de sa juridiction, les sacrements de l'ordre et de la confirmation, bénir les saintes huiles et consacrer les autels, par tout évêque catholique qu'il lui plairait d'en prier. Il est donc naturel de comprendre les titulaires de sièges *in partibus infidelium*, appelés pour ces causes par les chanoines de Saint-Julien, au nombre des évêques auxiliaires qui ont rempli les fonctions épiscopales en Auvergne. Ceux dont la mémoire est restée sont : **Hugues**, *évêque de Tabarie* (1), qui consacra, en 1320, deux autels dans l'église de Saint-Jean de Brioude, l'un en l'honneur de la Bienheureuse Marie, et l'autre en l'honneur de saint Georges.

Henri, *évêque de Laodicée* (2), vicaire général de l'archevêque de Lyon. Il vint conférer, dans la ville de Brioude, les ordres majeurs et mineurs, le samedi après la Pentecôte de l'an 1324 (3).

Bertrand de l'Isle, de l'ordre des frères-mineurs, *episcopus Equinensis* (4), consacra l'église du couvent des cordeliers de Brioude, le 15 août 1411. Il la fit paver en 1421 (5).

Jean de Pressuris, évêque de Troie, suffragant de l'évêque du Puy, célébra pontificalement la messe à l'autel de Saint-Julien et consacra les saintes huiles le jeudi saint, 13 avril 1503. Il sera question plus loin de ce prélat et de son

---

(1) *Tabarie*, forme vulgaire du mot *Tibériade*, aujourd'hui Tabarieh, en Syrie.

(2) *Laodicée*. Il a existé plusieurs évêchés de ce nom ; nous ignorons quel est celui dont Henri était titulaire.

(3) *Breviarium Brivatense* (Clermont, Jacquard, 1664), Préliminaires. — *Mémoires de la Société agricole et scientifique de la Haute-Loire*, t. III, p. 258.

(4) *Equinensis?* sans doute *Equiliensis*, aujourd'hui Jesolo, dans la Marche de Trévise.

(5) Fonèré, *Op. cit.*, p. 635. — DE COMBRES DE LAURIE, *Histoire manuscrite du chapitre noble de Saint-Julien de Brioude*, fol. 171 recto. — FOURNIER-LATOURAILLE, *Curiosités héraldiques de l'arrondissement de Brioude*, p. 35 (Brioude, Galliée, 1855, 8°).

successeur, **Etienne de Pressuris**, qui vint aussi à Brioude, en 1524 (1).

Antoine Pascal, évêque de Ros, auxiliaire de l'évêque de Saint-Flour, exerça des fonctions épiscopales dans cette ville, en 1537 (2).

Un autre suffragant, **André Teyssier**, que l'on a vu plus haut, voulut agir de même. Comme il ne s'était pas muni préalablement de l'autorisation expresse du chapitre, il survint un procès que cet évêque perdit, devant le bailliage de Montferrand, le 8 janvier 1544.

La même année, **Christophe d'Alzon**, évêque de Troie, suffragant de l'évêque du Puy, se rendit une première fois à Brioude (3). De plus, le 6 février 1548, il donna la tonsure cléricale dans l'église de Saint-Julien.

Le 16 juillet 1617, **Robert de Barthelot** ou **Berthelot**, évêque de Damas (4), suffragant de l'archevêque de Lyon, admit à la profession religieuse neuf novices du prieuré de Lavaudieu dans la collégiale de Brioude, où il conféra la tonsure, le 25 juillet suivant.

On a pu déjà le remarquer : au quinzième et au seizième siècle, les évêques gardaient peu la résidence. Aussi, est-ce à cette époque qu'on rencontre une série ininterrompue de trois suffragants des évêques du Puy.

Geoffroy de Pompadour joignait à l'honneur d'être le successeur de saint Georges, le titre de grand aumônier de France, et, rapporte le Frère Théodore, « la considération de la nécessité où le mettoit sa charge de rester à la Cour obligea de lui créer un suffragant, nommé Jean de Pressuris, pour tenir sa place au Velay, sous le titre *in partibus* de

---

(1) Pièces de procédure qui font partie de nos papiers.
(2) Idem.
(3) Idem.
(4) Damas, en Syrie.

Troye-la-Grande (1), c'est-à-dire de cette ville dont l'embrasement, peut-être imaginaire, a donné de l'occupation à tant de plumes (2). »

Jean de Beulenc *alias* de Pressuris, qu'Odo de Gissey qualifie de « personnage singulièrement affectionné aux ordres religieux (3) », était chapelain et chanoine de Notre-Dame du Puy, bachelier ès-droits et grand vicaire de Geoffroy de Pompadour. Il assista, le 18 septembre 1493, à la bénédiction d'une chapelle fondée, à Bas-en-Basset, par le notaire Chanut, en l'honneur de Notre-Dame de Pitié et de saint Jean (4). Le 28 novembre 1498, il consacra un grand autel de pierre dans l'église des Salles, village situé sur la rive droite de la Loire, entre Bas et Monistrol (5). Le 1ᵉʳ novembre 1501, il reconnut, devant un grand concours de peuple, les reliques de saint Guillaume, archevêque de Bourges, conservées dans l'église de Saint-Léger, près Sembadel (6). L'évêque de Troie, on l'a vu plus haut, vint consacrer les saintes huiles à Saint-Julien de Brioude, le 13 avril 1503. Il donna l'investiture de la cure de Riotord à Claude de Saint-Nectaire, le 23 avril 1505 (7). En 1511, il bénit l'oratoire de la porte des Farges, au Puy (8). Le 27 septembre 1513, il accorda qua-

---

(1) C'est ainsi que l'on désignait autrefois Troie, en Troade, pour la distinguer de Troyes en Champagne. — « MCXXII : Obiit apud Altam Tumbam (*leg.* Cumbam) domnus Henricus, quondam *Magne Troie* episcopus. » (*Alberici Trium-Fontium chronic.*, ap. Pertz, *Monum. Germ. Scriptor.*, t. XXII, p. 830.)

(2) *Histoire de l'église angélique de Notre-Dame du Puy*, p. 374. (Le Puy, Antoine Delagarde, 1693, 8°.)

(3) *Discours historique de la très ancienne dévotion de Nostre-Dame du Puy*, p. 498. (Le Puy, François Varoles, 1644, 8°.)

(4) Charles Rocher, *Pouillé du diocèse du Puy*, Tablettes historiques du Velay, t. V, p. 112.

(5) *Idem*, t. IV, p. 527.

(6) *Idem*, t. VII, p. 280. — Jacques Branche, *La vie des Saincts et Sainctes d'Auvergne et de Velay*, p. 131. (Le Puy, Philippe Guynand, 1652, 8°.)

(7) Tablettes historiques du Velay, t. IV, p. 479.

(8) Aug. Chassaing, *Les chroniques d'Etienne Médicis*, t. I, p. 280.

rante jours d'indulgence aux fidèles qui aideraient de leurs biens à la construction, sur le ruisseau d'Huédour, entre Saint-Etienne de Lugdarès et les Hubacs, d'un pont que ne pouvait pas bâtir, avec ses seules ressources, Etienne de Pauc, bailli de Borne, en Vivarais (1). En cette circonstance, et accidentellement, sans doute, Jean de Pressuris suppléait l'évêque de Viviers dans ces localités montagneuses, voisines du diocèse du Puy. Sans cela, nous ne nous expliquerions pas cette ingérence dont nous trouverons encore un autre exemple.

Il mourut, suivant le *Gallia Christiana* (2), un 1er mars. Ce dut être en 1515; car, au dire du Frère Théodore (3), il ne survécut guère à Geoffroy de Pompadour, qui décéda le 8 mai 1514.

Jean de Pressuris ou de Beulenc, s'il n'était pas originaire du Velay, y avait attiré une partie de sa famille. Il avait marié une de ses nièces, Antoinette de Beulenc, avec honorable homme Claude Tourton, de Monistrol-sur-Loire, le 11 juillet 1497 (4). Un des témoins de l'acte d'investiture de Claude de Saint-Nectaire fut Antoine de Beulenc, peut-être un de ses parents. Enfin, après lui, le titre d'évêque de Troie passa à son neveu Etienne, cordelier au couvent du Puy et maître en théologie.

Etienne de Pressuris était-il déjà vicaire général de l'évêque Antoine de Chabanes, et présida-t-il, en cette qualité, les Etats de Languedoc qui se tinrent au Puy, le 31 mars 1519 (5)? C'est ce qu'on ne pourrait pas affirmer, mais qui est probable. Le 2 février 1520, il bénit, dans cette ville, l'oratoire de la fontaine de la Bidoire (6). Le

(1) C'est au savant abbé Payrard, curé doyen de Cayres, diocèse du Puy, que nous devons la communication d'une copie ancienne du titre original de cette concession d'indulgence. — Voir à l'Appendice, n° 3.
(2) T. II, col. 735, C.
(3) *Op. cit.*, p. 380.
(4) Tablettes historiques du Velay, t. IV, p. 527.
(5) *Histoire générale de Languedoc*, t. XI, p. 203. (Toulouse, Privat, 1889, 4°.)
(6) *Chroniques d'Etienne Médicis*, t. I, p. 291.

6 avril 1522, il releva les reliques de saint Agrève dans l'église dédiée à ce saint évêque (1), et, le lendemain, il bénit l'image de Notre-Dame qui se trouvait « au front » de la rue Chenebouterie (2). Le 31 mars 1524, à l'exemple de son oncle, il accorda quarante jours d'indulgence aux fidèles qui aideraient de leurs deniers Etienne de Pauc, bailli de Borne, à élever une croix, près de sa demeure, en tête du pont qu'il avait fait construire entre les Hubacs et Saint-Etienne-de-Lugdarès (3). La même année, l'évêque de Troie vint à Brioude remplir des fonctions épiscopales dans l'église de Saint-Julien. Le 25 juillet 1525, il bénit également le dévot oratoire bâti par les habitants de la rue Pannessac, au dehors de la porte de ce nom, en l'honneur de Dieu et de la Vierge Marie (4). C'est encore lui qui, le 19 janvier 1527, procéda à la bénédiction du cimetière et de l'hôpital de St-Sébastien préparés, par les consuls de la ville, pour le logement et la sépulture des pestiférés (5). Et comme, à la suite de redoutables épidémies, il s'était formé une confrérie du saint martyr, de saint Christophe, de saint Antoine et de saint Roch, le suffragant d'Antoine de Chabanes accorda aux bienfaiteurs et confrères une indulgence de quatre-vingts jours, le 10 avril 1530. Le 26 mai suivant, il leur permit de construire une chapelle en ce lieu appelé depuis clos Saint-Sébastien (6). Le 28 août 1529, comme le voulaient les lois alors en vigueur, il avait assisté, en compagnie d'Antoine Pascal, évêque de Ros, près Venise, et de Claude de Buriane, abbé de Doue, à l'exécution d'une sentence pour laquelle le bras séculier était venu

---

(1) *Chroniques d'Etienne Médicis*, t. I, p. 292. — Frère THÉODORE, *Op. cit.*, p. 380. — *Officia propria diœcesis Aniciensis*, pars autumnalis, p. 29. (Paris, Adrien Le Clère, 1858, 8º.)

(2) *Chroniques d'Etienne Médicis*, t. I, p. 279.

(3) Nous rappelons, avec plaisir, que cette communication nous vient de M. l'abbé Payrard. — Voir à l'Appendice, nº 4.

(4) *Chroniques d'Etienne Médicis*, t. I, p. 294.

(5) *Idem*, t. II, 211. — GISSEY, *Op. cit.*, p. 502.

(6) *Chroniques d'Etienne Médicis*, t. II, pp. 215 et 216.

en aide à l'autorité ecclésiastique, ainsi qu'il en a toujours été dans l'Eglise (1). Le 5 avril 1531, Etienne de Pressuris bénit le petit oratoire édifié, dans la ville du Puy, en haut de la rue Rochetaillade (2). On ignore l'époque de sa mort.

Après lui, le titre d'évêque de Troie-la-Grande fut porté par messire **Christophe d'Alzon**. Ce prélat appartenait à une famille du Puy qui remontait, peut-être, à André d'Alzon, docteur ou professeur de lois, clerc du roi, juge royal de Velay (1318-1325). Les d'Alzon tiraient leur nom d'un fief, leur berceau, *Alzo*, *Alzonium*, dont la prononciation locale a altéré la forme et qui s'appelle aujourd'hui « le moulin d'Eauzon, » commune de Vazeilles-Limandres (3).

Christophe d'Alzon n'était encore que chanoine de Saint-Vosy et official du Puy lorsqu'il participa, pour six livres tournois, le 19 novembre 1526, à la fondation de l'hôpital des pestiférés dont il a été parlé précédemment (4). Il présida l'assemblée des Etats de Languedoc, tenue à Clermont-l'Hérault, le 24 décembre 1527. Il était alors doyen du Puy et vicaire général, pour le spirituel et le temporel, d'Antoine de Chabanes (5). Dom Vaissete ne dit pas s'il était déjà évêque de Troie.

(1) « *Item*, ledit en MDXXIX, et le sabmedi, XXVIII° d'aoust, devant la muraille des Cordeliers, regardant le Breulh, sus ung chaffault, fust dégradé, par ses meffaicts, ung appelé messire Laurens Chasot, du Chambo vers Dunière, ainsi qu'il estoit requis, par deux Evesques et ung Abbé ; et furent ceux messire Estienne de Pressuris, cordelier, évesque de Troye, suffragant de Monsieur l'Evesque du Puy, messire Anthoine Pascalis, cordelier, évesque de Roze près Venise, du couvent du Puy, et l'Abbé de Doë. Et après les vestements sacerdotals à luy baillés et revestus, fut desrevestu et désapointé de l'ordre de prebstre, et lui baillarent un petit sayon de jaune comme ung aventurier, luy disant qu'il s'en allast pelerin à Sainct Jacques, faisant penitence des maulx qu'il avoit faicts. Lequel, en descendant ledit chaffault, fut happé par les Officiers de la Court Temporelle et mené en prison, et, troys heures après, bruslé au Marteret. » *Chroniques d'Etienne Médicis*, t. I, p. 304.

(2) *Idem*, t. I, p. 337.

(3) La majeure partie de ces renseignements sur les d'Alzon sont dus à l'aimable obligeance de M. Aug. Chassaing, juge au tribunal civil du Puy.

(4) *Chroniques d'Etienne Médicis*, t. II, p. 209.

(5) *Histoire générale du Languedoc*, t. XI, p. 223.

Le 8 décembre 1539, en qualité de suffragant de François de Sarcus, il bénit la cloche de la chapelle du clos Saint-Sébastien (1) et, le 20 mars 1540, l'oratoire de la place du Marthuret (2). En 1544, il vint, une première fois, remplir des fonctions épiscopales à Brioude. Il officia pontificalement, le 13 mai 1547, aux « exequies, triumphes et pompes funebres faicts au Puy pour feu de très-noble et eternele memoire François, roy de France (3). » Le 6 février 1548, il donna la tonsure dans l'église de Saint-Jean de Brioude.

La nuit du lundi saint, 15 avril 1549, d'insignes et audacieux malfaiteurs brisèrent en plusieurs morceaux le crucifix de la porte Saint-Gilles. Il faut lire les émouvants récits d'Etienne Médicis (4), du P. Odo de Gissey (5) et du Frère Théodore (6) pour bien se rendre compte de la douloureuse et profonde stupeur dans laquelle cet acte sacrilège plongea la religieuse population du Puy. L'évêque de Troie ordonna aussitôt une procession expiatoire à laquelle il assista. De plus, il concéda des indulgences à tous ceux qui réciteraient un *Pater* et un *Ave* en passant devant le crucifix neuf élevé à la place de l'ancien. Et, comme cette dévotion s'était accrue, il jugea bon d'étendre ces indulgences à plusieurs autres croix de la ville.

En 1557, il fit rééditer les *Statuta Synodalia* de Mgr de Sarcus (7), et, le 23 mars de la même année, il pourvut le nommé Claude Lanier d'un des canonicats de l'église de Retournac (8). Le Frère Théodore (9) veut qu'il n'ait pas

---

(1) *Chroniques d'Etienne Médicis*, t. II, p. 227.
(2) *Idem*, t. I, p. 388.
(3) *Idem*, t. I, p. 405.
(4) *Idem*, t. I, p. 433.
(5) *Discours historiques de la très ancienne dévotion à Nostre Dame du Puy*, p. 510.
(6) *Histoire de l'église angélique de Notre-Dame du Puy*, p. 290.
(7) *Chroniques d'Etienne Médicis*, t. II, p. 263, note.
(8) *Gallia Christiana*, t. II, col. 736, C.
(9) *Loc. cit.*

survécu longtemps au triste événement de la porte Saint-Gilles et qu'il soit mort avant l'évêque du Puy, dont la fin arriva le 23 mars 1557. C'est une erreur ; le *Livre de Podio* nous apprend que Christophe d'Alzon fut inhumé, au sépulcre de ses ancêtres, dans l'église conventuelle des Pères cordeliers du Puy, le 23 juin 1558 (1). Il avait laissé pour héritier son neveu, noble Claude d'Alzon, sieur du dit lieu et de la Coste, près Saint-Germain-Laprade.

Christophe d'Alzon avait trois frères, nobles Guillaume, Gabriel et Adanet d'Alzon. (*Hôtel-Dieu du Puy, reg. de Raphaël Maurin, not., acte du 29 août 1558.*)

Gabriel d'Alzon, frère de l'évêque de Troie, de son mariage avec Michelette de Chavagnac, eut quatre enfants : Claude, ci-dessus mentionné, héritier de son oncle, — Hugues, chanoine de Notre-Dame du Puy, — Christophe, — et Gabrielle, mariée à André Dujeune, ou plus exactement Lejeune (*Juvenis*), seigneur de Montgiraud, docteur ès droit, d'abord conseiller puis lieutenant particulier à la Sénéchaussée du Puy, qui, par son testament du 30 juin 1586, établit une fondation perpétuelle de deux fleurs en orfévrerie (rose et marguerite), comme prix de vers latins et de prose latine à décerner annuellement aux écoliers du collège du Puy. (*Hôtel-Dieu, reg. de Pays, not., Trans. du 28 février 1573.* — ARNAUD, *Histoire du Velay*, II, 423.)

Cette famille d'Alzon portait : *De gueules, fretté d'or et semé de fleurs de lis du même dans les claires-voies*. Elle s'est éteinte, dans la seconde moitié du siècle dernier, à Chastanuel, paroisse de Jax, et à Vazeilles, près de Vieille-Brioude.

Nous avons été frappés, au cours des recherches opérées pour la réunion des matériaux de cette rapide étude, du grand nombre d'Auvergnats et de Vélaviens qui, soit en France, soit en d'autres contrées, sont parvenus aux hon-

---

(1) *Chroniques d'Étienne Médicis*, t. I, p. 478.

neurs de l'épiscopat. La fécondité des trois diocèses du Puy, de Clermont et de Saint-Flour ne s'est pas ralentie de nos jours, et la source n'est point encore tarie, nous en avons la ferme espérance. Quel magnifique monument on élèverait à la gloire du clergé de ces provinces par la publication de l'*Auvergne pontificale*, d'une part, et du *Velay pontifical*, de l'autre! L'œuvre, si vaste qu'elle puisse paraître, n'est-elle pas faite pour tenter des plumes habiles et vaillantes ?

APPENDICE

I

Concordat entre Mgr Joachim d'Estaing et Mgr André de Sauzéa.

Pardevant Claude Caron et Estienne Le Roy, notaires gardenotes du Roy nostre sire en son Chastelet de Paris, soubssignés, fut présent en sa personne Illustrissime et Révérendissime père en Dieu messire Joachim Destaing, évesque de Clermont, en Auvergne, conseiller du Roy en ses conseils, demeurant ordinairement en sondit évesché, estant de présant en ceste ville de Paris, logé à Saint-Germain-des-Prés-les-Paris, rue de Seyne, en la maison ou est pour enseigne la Bergerie, paroisse Sainct Sulpyce, disant ledit seigneur évesque qu'à cause de son incommodité et perte de vue il luy est difficile d'administrer dans son diocèse les ordres sacrés comme soubsdiacre, diacre et prestrise, consacrer les esglises et grands autels, quoy que pour le surplus des fonctions épiscopales tant de l'ordre que de la jurisdiction, depuis cinq années que son incommodité a continué il a tousjours exercé en personne toutes les fonctions requises et ordinaires, soit l'administration des moindres ordres, tonsures, confirmations et aultres bénédictions extraordinaires et simples, comme aussi toutes visitations des monastères et aultres lieux et esglises de son ressort, toutes lesquelles choses nonobstant sadite incommodité il a, grâces à Dieu, continuellement exercées et pratiquées en personne, et désire continuer à l'advenir et finallement toutte aultre direction, régime et conduite de son trouppeau sans qu'il soit besoing d'aultre suffrage ou ayde pour raison de ce, comme il est nottoire à ung chacun et particulièrement en ce que plusieurs de ses procédures, actes et réformations les plus importantes faittes durant son incommodité ont esté louées, auctorisées et approuvées par plusieurs arrêts de la cour, néantmoins afin d'estre certain d'une assistance et soulagement pour touttes et quantes fois que ledict seigneur évesque de Clermont jugera à propos pour l'administration desdicts ordres sacrés ou consécrations majeures il a requis et prié affectueusement messire André de

Sauséa, évesque soubs le titre de Bethléem, comme estant libre sans charge d'un clergé et d'un peuple notable, demeurant à Paris au collège du cardinal Bertrand dit d'Authun scis rue et paroisse Saint André des Arts, pour ce présent et comparant, luy voulloir donner l'employ de sa personne et fonctions cy dessus déclarées, ce qui auroit esté agréé par ledict seigneur évesque de Bethléem, et d'autant qu'il n'est pas juste que ledict seigneur évesque de Bethléem s'attache et oblige, comme il faict desaprésent audict employ et continue icelluy à ses propres coustes et despens, tant pour son voyage depuis son domicille de Paris jusques en la ville de Rion en Auvergne que de son retour audict Paris et séjour dans le diocèse dudict évesché de Clermont pour autant de temps que ledict seigneur évesque de Clermont jugera à propos de l'employer comme dict est, icelluy seigneur évesque de Clermont pour desdommager ledict seigneur évesque de Bethléem a promis et s'est obligé par ses présentes de luy fournir pour la dépense et fraits de son voiage, conduicte, voitture et nourriture de luy son train et équipage la somme de deux cents livres tournois pour chacun voiage pour son retour dudict Rion audict Paris sans que ledict seigneur évesque de Clermont soit tenu de luy fournir aultre chose, et durant le séjour que ledict seigneur évesque de Bethléem fera dans ledict diocèse estant employé en fonctions et administration sus mentionnées ou aultres au cas que ledict seigneur évesque de Clermont se trouvast empesché ou incommodé d'aultres infirmités, icelluy évesque de Clermont sera tenu et promet de nourrir, loger ledict seigneur évesque de Bethléem son train et équipage par tout son diocèse, luy fournir et prester des ornements nécessaires et propres pour lesdictes fonctions, et pour le surplus de son entretènement et sallaire de ses domestiques ledict seigneur évesque de Clermont a accordé et accorde audict seigneur évesque de Bethléem oultre la nouriture comme dict est depuis son arrivée audict Rion jusque au jour qu'il partira dudict lieu, la somme de huict livres dix sols tournois par jour durant le temps que ledict seigneur évesque de Clermont vouldra l'employer, et moyennant ce, ledict seigneur évesque de Bethléem promet de quitter ses occupations ordinaires pour assister ledict seigneur évesque de Clermont, s'acheminer et faire voiage dans son diocèse touttesfois et quantes que ledict seigneur évesque de Clermont l'en priera, comme aussy ledict seigneur évesque de Bethléem s'est desparti et desparts de toutte aultre prétention, droicts et actions contre ledict seigneur évesque de Clermont et spécialement de tous droicts et émolumens provenans de l'expédition des lettres d'ordres et aultres certificats à cause d'iceulx, déclarant se contenter des fournitures et apoinctemens cy-dessus spécifiés, et attendu que ledict seigneur évesque de Bethléem par le présent contrat se trouve engaigé audict seigneur évesque de Clermont pour l'adcister et servir en son diocèse a abandonné pour ce touts aultres emplois et occupations qu'il pourroit exercer ailleurs, en sorte que si ledict seigneur évesque de Clermont ne vouloit l'employer pour le moins un voiage chacque année, il en recepvroit du dommaige. Pour ceste cause il a esté accordé qu'en cas que ledict seigneur évesque de Clermont ne voulust et jugeast à propos de l'appeller en son diocèse et employer une fois l'année pour le moings, il sera tenu et promet de luy donner la somme de cent livres tournois, pour chacune année qu'il ne sera point appellé ou employé par ledict seigneur évesque de Clermont, et ce pour le désintéresser de la despense qu'il luy convient faire à se tenir prest et appareillé pour ledict voiage, lorsqu'il en sera requis et adverty deux mois auparavant, en son logis et domicille de Paris suce déclaré, le tout tant et si longtemps que ledict seigneur évesque de Clermont sera possesseur dudict évesché, et si par une grâce spécialle et non attendue et bon plaisir de Dieu ledict seigneur évesque de Clermont venoit à recouvrer sa santé et liberté des yeux et de sa première vue, le présent contract et traité sera et demeurera pour lors nul et de nul effect comme non faict ne advenu, et les parties en tel estat quelles estoient auparavant icelluy, et pour l'exécution des présentes et despendances lesdictes parties ont nommé et esleu leurs domicilles irrévocables et perpétuels en ceste ville de Paris, scavoir ledict seigneur évesque de Clermont en la maison de M. [   ] Giry procureur en parlement [   ] Geoffroy Langevin paroisse S^t [   ] et ledict seigneur évesque de Bethléem audict collège du cardinal Bertrand dit d'Authun ou il est demeurant devant déclaré, esquels lieux et domicilles ainsi eslus ils veullent, consentent et accordent que tous exploits des commandements, sommations et aultres actes de justice qui y seront faicts pour cause de ce soient de tel effect, force et vertu sy faicts étoient partant à leur personne et vrais domicilles, nonobstant changement de demeure, propriétaires ou locataires desdictes maisons esleues pour domiciles ; car ainsy tout le contenu cy dessus a esté expressément dict, convenu et accordé par et entre lesdictes parties en faisant et passant ces présentes qui aultrement n'eussent esté faictes ne passées, promettans et obligeans chacun endroit soy et renonceans...

Faict et passé à Paris en ladicte maison de la Bergerie ou ledict seigneur évesque de Clermont est aprésent logé, devant déclarée, après midi, l'an mil six cents trente-cinq, le vendredy quatorzième jour d'octobre, et ont lesdicts seigneurs évesques de Clermont et de Bethléem signé la minute de ces présentes avec lesdicts notaires soubssignés, etc.

CARON et LE ROY.

II

Instrument au sujet de la visite de l'église d'Azerat.

A tous ceux qui ces presentes les lettres verront et orront Jaques Dupuy ecuyer, seigneur dudit lieu, garde et tenant le scel royal etabli aux contrats a Montferrand en Auvergne salut savoir faisons que pardevant notre amé Vidal Larchier clerc feal notaire juré dudit scel et de nous commis et destiné a ouir et recevoir le contenu en ces presentes auquel quant a ce nous avons commis nos force pouvoir et authorité.

Personellement etablis fr. Antoine Pascalys de l'ordre des Cordeliers soy disant eveque de Rosonien (sic) et suffragant de Monsgr l'eveque de St Flour accompagné de Mes Estienne Constantin soy disant lieutenant de l'official de St Flour et Guillaume Jabvre soy disant greffier et secretaire dudit eveque de St Flour et messire Pierre Sumeant prestre soy disant procureur par ledit frere lesquels sont venus au lieu et paroisse d'Azerat audevant la grande porte de l'eglise parrochiale dudit lieu et illec sont descendus et entrés dans laditte eglise et a icelle eglise ont fait visitat et disoint icelle faire au nom dud. eveque de St Flour leurs chevaux etants devant laditte eglise et incontinent ce fait sont allés à la porte du chateau et prieuré dudit lieu appartenant à noble et religieuse persone frere Antoine de Flaghat prieur et seigneur dudit lieu d'Azerat aussi illec present auquel ledit Paschalys eveque susdit ledit maitre Pierre Sumeant soy disant procureur dudit eveque de St Flour ensemble lesdits Constantin lieutenant et Jabre greffier etoint commis par Monsgr l'eveque de St Flour a faire les visitats dans son diocese et deja auroint fait la visitat à l'eglise parrochiale dudit Azerat laquelle ils avoint trouvé garnie et ornée ainsi que luy appartient et a requis audit nom comme procureur susdit audit de Flaghat prieur susdit illec present et en la presence desdits Paschalys Constantin et Jabre qu'il les eut à recevoir après laditte visitat de laditte eglise ainsi faite et donner *pastum integrum* qu'il disoit appartenir audit eveque de St Flour quand il visitoit et disoit estre tenu ledit prieur à ce.

— 33 —

Lequel dit de Flaghat prieur susdit leur a dit et repondu que comme ses amis il les recevroit et fairoit bonne chere mais comme visiteurs par ledit eveque dudit St Flour ne les recevroit point et qu'ils allassent la ou bon leur sembleroit lesquels ont dit et répondu audit de Flaghat prieur susdit qu'ils ne lugeroint pas autrement si n'est comme visiteurs dudit eveque de St Flour et illec ledit prieur a requis audit Sumeant son pouvoir et procuration qu'il disoit avoir dudit eveque de St Flour et ledit maitre Guillaume Jabre a dit et repondu qu'il l'avoit recus et l'avoit recus *(sic)* luy et ledit prieur luy a toujours requis icelle mais ne lont voulu montrer ni exhiber et ce fait ledit prieur a requis aussy audit frere Antoine Paschalys suffragant qu'il luy montrat son pouvoir et puissance qu'il avoit de pouvoir visiter en ledit eveché car laditte visitat appartenoit à faire audit eveque de St Flour en propre persone pour icelle faire et aussi a dit que ledit Paschalys ne pouvoit le faire sans avoir *indultum* de notre St Pere le pape mais ledit Jabre a répondu audit prieur qu'il avoit recu laditte procuration pouvoir et puissance que ledit seigneur de St Flour avoit donné audit suffragant laquelle il auroit recu et quant à l'*indultum* de notre St Père le pape il n'en avait pas et toutefois ledit prieur a requis audit Paschalys montrer son pouvoir ce qu'ils nont fait ni voulu faire. Et outre ledit prieur leur a dit que labbaie de la Chaisedieu avec ses membres de laquelle abbaie ledit prieuré d'Azerat dont est question est dépendant sont et etoint exempts de toute jurisdiction ordinaire dudit eveque de St Flour et autre eveque par luy commis et qu'ils navoint aucun pouvoir ni jurisdiction sur ledit prieuré d'Azerat a cette cause ne les recevroit ni leur donneroit *pastum* à cause de laditte visitat car ses predecesseurs ni luy ne l'avoit jamais fait ni donné ledit *pastum* audit eveque de St Flour ses suffragans commis et deputes et qu'il en etoit exempt comme a justifié et fait apparoir par le double des privileges d'exempts de laditte abbaie de la Chaisedieu desquels leur fait prompte foy et lecture et leur dit que attendu laditte exemption il ne les recevroit ni donneroit *pastum* ni aussy à l'eveque de St Flour quand il visiteroit en persone car en est exempt ensemble ledit prieuré, dont des choses dessus dittes ledit Constantin a protesté des peines de droit et interests contre ledit prieur et en a requis instrument audit Me Guillaume Jabre et ledit de Flaghat prieur susdit en a requis instrument audit notaire sousigné de tout ce que dessus est dit que luy a été octroyé ces presentes en temoint desquelles choses dessus dittes nous à la relation dudit juré auquel ajoutons pleniere foy à ces dittes presentes avons fait mettre et apposer seel royal que tenons à Brioude établi presents par tesmoings appellés venerables persones messires Jean Chanbapat cure de Salliant, Jean Carry, Antoine Scaulgues, Jean Magaud aussi prestres habitans dudit Azerat, Mathieu Olier d'Auzon et plusieurs autres illec etant, fait le penultieme jour de janvier l'an mille cinq cent vint quatre et après signé Larchier. Collation faite dudit instrument par moy notaire sousigné ce requérant mademoiselle Louise de Claveson vicontesse de Lavieux, mère et procuratrice de Monsr. le prieur d'Azerat ; l'original est demeuré à madite demoiselle, fait à Aulzon le dernier jour de décembre mille cinq cent cinquante (1).

CHANDORAT.

III

Concession d'indulgences par Jean de Pressuris, évêque de Troie.

Joannes, miseratione divina Troyanensis episcopus, Reverendissimi in Christo patris et Domini Domini Gauffredi de Pompadorio Dei gratia Aniciensis episcopi et Vallaviæ comitis vicarius et suffraganeus, universis Christi fidelibus salutem in domino sempiternam. Quoniam nominis propositum ad bona declinare hiis augere toto posse optamus et illis nos [   ] qui devotionis causa ad spiritualia opera mentes incitant. Cum itaque honorabilis et discretus vir magister Stephanus Pauci, bajulus [   ] curiæ communis Bornæ diœcesis Vivariensis, devotione motus domini pontem lapideum in ripperia de Ortodorio, loco appellato Sancti Stephani de Luderesio, loco magis apto et convenientiori, ac itinere tendente de loco de Luderesio apud locum des Ubacs valde frequentato, et ob aquarum inundationem dum fieri contingit multum periculoso, construere erigere et edifficare seu contrui erigi et edifficari facere Deo dante disponat, quod comode et sine maxima bonorum suorum jactatione minime facere potest nisi Christi fidelium manus sint adjutores. Nos igitur animarum saluti de aliquo [   ] remedio providere optantes omnibus et singulis Christi fidelibus vere penitentibus et confessis, qui ad dicti pontis constructionem et edifficationem de bonis a Deo sibi collatis manus adjutrices porrexerint quadraginta dies veræ indulgentiæ de injunctis sibi penitentiis

---

(1) M. Lascombe, conservateur de la bibliothèque du Puy, a bien voulu transcrire, aux archives de la Haute-Loire, cette pièce qui nous a été signalée par M. Fournier-Latouraille.

pro qualibet vice misericorditer in Domino relaxamus, mandantes omnibus et singulis nostræ diœcesis ecclesiarum rectoribus ubi libet in civitate aut alibi constitutis quatinus dicti pontis operarios et comissos (?), dum ipsos ad vos et ecclesias vestras declinare contingerit dum per vos missarum celebrabuntur sollemnia, ipsos vobis populo comissos recommendetis et exortetis adeo ut ipsi cum bonorum fructu operum vitam valeant adipisci eternam ; presentibus vero post unum annum presentium computandum minime valeturis. Datum Anicii sub sigillo curiæ spiritualis Aniciensis die vigesima septima mensis septembris anno Domini millesimo quingentesimo decimo tertio.

IV

Autre concession d'indulgences par Etienne de Pressuris, évêque de Troie.

Stephanus, miseratione divina Troyacensis episcopus sacræque theologiæ doctor, Reverendissimi in Christo patris et domini Anthonii de Cabanis miseratione divina Aniciensis episcopi et Vallaviæ comitis suffraganeus et vicarius universis et singulis Christi fidelibus presentes litteras inspecturis salutem in Domino sempiternam. Admirabile signum sanctæ crucis quod erit in cœlo cum Dominus ad judicandum venerit, per quod ipse redemit mundum qui ligno perierat, et ad quod nos in hujus mundi pelago constituti surgente peccatorum nostrorum procella supplices recurrere debemus, hoc sane signum devotæ considerationis indagine contemplantes, et intra mentis nostræ archana revolventes quod in illo mundi salus pependerit ; quocirca dignum imo debitum recensemus ut sacratissimæ crucis hujusmodi miraculose signum prosequamur impendiis et indulgentiarum muneribus [   ] cum itaque sicut accepimus dilectus noster in Christo magister Stephanus Pauci bajulus de Borna devotione motus construi seu de novo nuper edifficari fecerit quamdam crucem lapideam ad honorem redemptoris Domini nostri Jesu Christi, sitam in via publica tendente de loco des Ubax ad locum Sancti Stephani de Luderes et prope domum ejusdem magistri Stephani Pauci in capite pontis ejusdem fluvii Huictdor nuncupati ibidem decurrentis Vivariensis diœcesis sitam, et ut devotionis causa ipsa crux ab incolis dictorum locorum et circumvicinis ac aliis per dictum pontem transientibus congruis frequentetur honoribus, et ut cuncti Christi fideles devotionis causa confluant ad eamdem, de omnipotentis Dei misericordia et beatorum Petri et Pauli apostolorum ejus auctoritate confisi, auctoritate dicti domini episcopi cujus in hac parte vices gerimus, totiens quotiens dictam crucem visitaverint et semel *Pater noster* et *Ave Maria* et *Credo in Deum* singulis diebus veneris qualibet hebdomada et singulis diebus dominicis ac diebus sanctæ crucis in mense maii et septembris, ob honorem Domini nostri Jesu Christi et sanctæ crucis ac virginis Mariæ ejus matris dicentibus ante eamdem crucem pro redemptionis nostræ salute et fidelibus defunctis ac jam dicto Stephano Pauci in remissionem peccatorum eorum devote dixerint quadraginta dies veræ indulgentiæ de injunctis eis penitentiis misericorditer in Domino relaxamus, presentibus perpetuis futurisque temporibus duraturis. In quorum omnium et singulorum fidem et testimonium premissorum presentes litteras fieri mandamus easque manu nostra propria subsignavimus sigilique nostri proprii jussimus et fecimus appensione communiri. Datum Anicii die penultima mensis marcii, anno Domini millesimo quingentesimo vicesimo quarto, ibidem presentibus discreto viro magistro Philippo Vallati notario regio ac Petro Bras clerico et servitori ipsius reverendi patris Anicii habitatoribus.

S. E. Troyacensis generalis vicarius propria manu de mandato præfati dicti dni suffraganei : N...

www.ingramcontent.com/pod-product-compliance
Lightning Source LLC
Chambersburg PA
CBHW060523050426
42451CB00009B/1138